成语中的科学

杨柳芳　蒋加林　编著

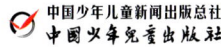

北　京

图书在版编目（CIP）数据

成语中的科学/杨柳芳,蒋加林编写.--北京：中国少年儿童出版社,2024.1
（百角文库）
ISBN 978-7-5148-8421-0

Ⅰ.①成… Ⅱ.①杨…②蒋… Ⅲ.①汉语-成语-故事-青少年读物 Ⅳ.① H136.31-49

中国国家版本馆CIP数据核字（2023）第254094号

CHENGYU ZHONG DE KEXUE
（百角文库）

出版发行：中国少年儿童新闻出版总社
中国少年儿童出版社

执行出版人：马兴民

插　　图：苏　凝	责任校对：杨　雪
责任编辑：赵　勇	责任印务：厉　静
美术编辑：曹　凝	

社　　址：北京市朝阳区建国门外大街丙12号	邮政编码：100022
编 辑 部：010-57526306	总 编 室：010-57526070
发 行 部：010-57526568	官方网址：www.ccppg.cn

印刷：河北宝昌佳彩印刷有限公司

开本：787mm×1130mm　1/32	印张：3
版次：2024年1月第1版	印次：2024年1月第1次印刷
字数：30千字	印数：1-5000册
ISBN 978-7-5148-8421-0	定价：12.00元

图书出版质量投诉电话：010-57526069　　电子邮箱：cbzlts@ccppg.com.cn

序

  提供高品质的读物,服务中国少年儿童健康成长,始终是中国少年儿童出版社牢牢坚守的初心使命。当前,少年儿童的阅读环境和条件发生了重大变化。新中国成立以来,很长一个时期所存在的少年儿童"没书看""有钱买不到书"的矛盾已经彻底解决,作为出版的重要细分领域,少儿出版的种类、数量、质量得到了极大提升,每年以万计数的出版物令人目不暇接。中少人一直在思考,如何帮助少年儿童解决有限课外阅读时间里的选择烦恼?能否打造出一套对少年儿童健康成长具有基础性价值的书系?基于此,"百角文库"应运而生。

  多角度,是"百角文库"的基本定位。习近平总书记在北京育英学校考察时指出,教育的根本任务是立德树人,培养德智体美劳全面发展的社会主义建设者和接班人,并强调,学生的理想信念、道德品质、知识智力、身体和心理素质等各方面的培养缺一不可。这套丛书从100种起步,涵盖文学、科普、历史、人文等内容,涉及少年儿童健康成长的全部关键领域。面向未来,这个书系还是开放的,将根据读者需求不断丰富完善内容结构。在文本的选择上,我们充分挖掘社内"沉睡的""高品质的""经过读者检验的"出版资源，保证权威性、准确性，力争高水平的出版呈现。

通识读本，是"百角文库"的主打方向。相对前沿领域，一些应知应会知识，以及建立在这个基础上的基本素养，在少年儿童成长的过程中仍然具有不可或缺的价值。这套丛书根据少年儿童的阅读习惯、认知特点、接受方式等，通俗化地讲述相关知识，不以培养"小专家""小行家"为出版追求，而是把激发少年儿童的兴趣、养成正确的思考方法作为重要目标。《畅游数学花园》《有趣的动物语言》《好大的地球》《看得懂的宇宙》……从这些图书的名字中，我们可以直接感受到这套丛书的表达主旨。我想，无论是做人、做事、做学问，这套书都会为少年儿童的成长打下坚实的底色。

中少人还有一个梦——让中国大地上每个少年儿童都能读得上、读得起优质的图书。所以，在当前激烈的市场环境下，我们依然坚持低价位。

衷心祝愿"百角文库"得到少年儿童的喜爱，成为案头必备书，也热切期盼将来会有越来越多的人说"我是读着'百角文库'长大的"。

是为序。

马兴民
2023 年 12 月

目　录

1　半斤八两

4　杯弓蛇影

7　趁热打铁

10　管中窥豹

13　海市蜃楼

16　鞭长莫及

19　近朱者赤，近墨者黑

22　刻舟求剑

25　炉火纯青

28　拔苗助长

31　成语闯关小游戏

32　百足之虫，死而不僵

35　鹬蚌相争，渔翁得利

38　蜂拥而至

41	狡兔三窟
44	千里之堤，毁于蚁穴
47	蜻蜓点水
50	飞蛾扑火
53	昙花一现
56	移花接木
59	种瓜得瓜，种豆得豆
62	成语闯关小游戏
63	画蛇添足
66	惊弓之鸟
69	鼠目寸光
72	望梅止渴
75	金蝉脱壳
78	回光返照
81	积劳成疾
84	乐极生悲
87	了如指掌
90	荡气回肠

半斤八两

出自 宋·释普济《五灯会元》

问:"来时无物去时空,二路俱迷,如何得不迷去?"师曰:"秤头半斤,秤尾八两。"

数学中的"进制"问题

在日常生活中,我们经常接触到的是"10进制",也就是"满十进一"。比如1元=10角、1角=10分、1斤=10两,数学中的个位、十位、百位也是满10进1,10个1相加等于十,10个10相加等于百。

但不要以为有了"10进制"就可以"包罗万象",任何地方都可用"10进制"了。

比如1个星期等于7天,满7天后就会进入下一个星期,这时的进制单位是"7进制"。

一年有12个月,满12个月就会进入第二年,因此,月份的进制单位是"12 进制"。

中国历史上曾使用 16 进制的重量单位，1 市斤等于 16 市两，半市斤等于 8 市两。这就是"半斤八两"这个成语的由来。

进制的确定，会有多种原因。有些是因为习惯；有些则是因为和它们相对应的科学和技术的需要，比如月份选择"12 进制"，周选择"7 进制"，是因为与历法和地球自转、公转的数据相关，需要根据这些数据确定。

现在最常用的"10进制"则是因为方便计算。比如3×5=15很容易计算出来,但33×55则很难计算得出。若改成30×50则又很容易计算出来了,相当于把2位数字变成了1位数字来运算,这是"16进制"改成"10进制"后最显而易见的好处。

从数学角度讲,"半斤八两"只是描述了一个简单的等量关系,用在成语上则是指"差不多""相当"的意思。

成语解释

半斤八两:一个半斤,一个八两。比喻彼此不相上下,实力相当。

成语示例

他们两个真是难兄难弟,在能力上半斤八两,谁也不比谁强。

杯弓蛇影

出自 汉·应劭《风俗通义》：时北壁上有悬赤弩照于杯，形如蛇。宣畏恶之，然不敢不饮。

为什么会出现"杯弓蛇影"？

首先要明确，这里的"影"是弓的像，而不是蛇的影子。

我们知道，由于光的直线传播，当在传播过程中遇到不透明的物体时，光不能到达的区域便产生影。弓挂在墙壁上，不可能在杯中留下影子，但可以通过反射在杯中产生虚像，由于这个虚像很小，加上心理作用，所以弯着的弓在那个朋友看来，就如同一条小蛇一样，如果杯中的酒有轻微的晃动，这条小蛇还会隐隐地浮动。

在这个故事中，酒杯内壁底部，正好相当于一块凹面镜，当物距大于二倍焦距时，凹面镜成倒立的缩小的实像。而弓到酒杯底的距离远大于这个凹面镜的二倍焦距，因此在杯中能看到弓的缩小的像。倒入酒后，相当于又增加了一块"酒凸透镜"。这样弓将先

由这个"酒凸透镜"成像,再由凹面镜成像,最后再由这个"酒凸透镜"成像,人眼看到的就是最后这个像。

杯弓蛇影:将映在酒杯里的弓影误认为蛇。比喻因疑神疑鬼而引起恐惧。

他的性格有点多疑,遇事常常杯弓蛇影,总以为有人要害他。

出自 姚雪垠《李自成》：是的，我们要趁热打铁，一举攻破南阳。

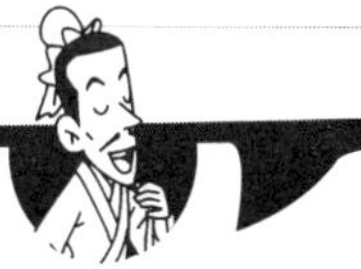

为什么打铁一定要趁热？

在几十年前的农村，还可以经常看到打铁铺：他们将烧红的铁块放进炉火中煅烧，铁块烧得通红时拿出来用铁锤敲打。很快，一个崭新的铁器就被煅造出来了。

我们知道，铁的硬度是很大的，为什么烧红的铁块就能变软，让铁匠们可以随心所欲地打造出铁器呢？

在物理学中，有一种描述金属材料软硬程度的性能指标叫硬度，它既可理解为材料抵抗弹性变形、塑性变形或破坏的能力,也可表述为材料抵抗残余变形和反破坏的能力,是材料弹性、塑性、强度和韧性等力学性能的综合指标,与打铁最相关的指标就是塑性变形的强度。

金属材料的强度与温度有关,温度越高强度越低,所以打铁时一定要在高温下进行,温度低了,变形抗

力太大,不容易产生塑性变形,就无法锻造出令我们满意的铁器。

成语解释

趁热打铁:铁要趁烧红的时候打。比喻要抓紧有利的时机和条件去做事。

成语示例

赢下第一场球之后,球队团结协作,趁热打铁,又赢下了第二场。

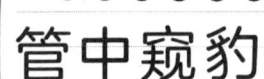

出自 南北朝·刘义庆《世说新语》：
此郎亦管中窥豹，时见一斑。

为什么透过小孔能够看到大世界？

成语"管中窥豹"比喻只看到事物的一部分。其实，在实际生活中，人们可以"透过小孔看到大世界"。这是为什么呢？

原来，眼睛相当于一个凸透镜，当我们站在小孔的背后看前面的大世界时，前面所有物体的反射光线通过小孔被眼睛捕捉到，再聚集到眼睛中的视网膜上，于是就可以看到前面的大世界了。

透镜是生活中常用的光学用品，根据形状和作用的不同，透镜可分为凸透镜和凹透镜两种。凸透镜中间厚周边薄,状如球面,可以两面都是球面,也可以一面是球面一面是平面。当一束平行光射进凸透镜的一面时,会在另一面聚集成一个点,这个点叫作焦点。

眼睛中有一个晶状体,相当于一个凸透镜,视网膜上的某一个点,相当于这个凸透镜的焦点,由于视网膜上有许许多多的焦点,所以就能看清外面的大世界了。即使是很小的孔,都能让我们看见沿眼睛到小

孔所画出的圆锥形范围内的景象。景象离小孔的距离越远，能看到的范围越大。

管中窥豹：从竹管的小孔里看豹，只看到豹身上的一块斑纹。比喻只见到事物的一小部分，指所见不全面或略有所得。有时跟"可见一斑"连用，比喻从观察到的部分，可以推测全貌。

中国科学技术进步飞快，通过这个新闻可以管中窥豹。

海市蜃楼

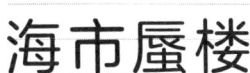

出自　东汉·班固《汉书》：海旁蜃气象楼台，广野气成宫阙然。

海市蜃楼是怎样形成的？

海市蜃楼是阳光在大气中产生反射、折射而出现的一种光学现象。我们已经知道，光是沿直线传播的，但严格地说，光只有在均匀介质中才沿直线传播，如果介质疏密不均，光线就不会沿直线传播，而是会发生折射。

比如一根筷子，在空气中我们看到它是直的，如果将筷子全部放入水中，我们看到它也是直的，但如果将筷子的一半放入水中，我们就会看到筷子在水面处好像折断了一样，弯曲成折线了。这就是光线在两种不同的介质中发生的折射现象。

　　海市蜃楼多发生在夏天的海面上。夏天，较热的空气笼罩海面，但是海水比较凉，海面附近空气的温度比空中的低，空气热胀冷缩，上层的空气比下层的空气稀疏，来自地平线以外远处物体的光线，本来是不能到达我们眼中的，但有一些射向空中的光线，由于高度不同和空气的疏密不同而发生弯曲，逐渐弯向地面，进入我们的眼睛，逆着光线望去，就仿佛看见了远处的物体，朦胧而又与实际景象有些相似。

海市蜃楼：海边或沙漠，由于光线的反射和折射，空中或地面出现虚幻的楼台城郭。比喻虚无缥缈的事物。蜃：蛤蜊，传说中的蜃能吐气成楼台形状。

没有脚踏实地的努力，再好的想法也只是海市蜃楼。

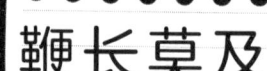 出自 春秋·左丘明《左传》：楚子伐宋。宋人使乐婴齐告急于晋。晋侯欲救之。伯宗曰："不可！古人有言曰'虽鞭之长，不及马腹。'"

为什么鞭子长却打不到马肚子上？

晋国之所以不愿帮助宋国，是因为担忧自己的力量再强大也大不过楚国，到头来损失肯定会更加惨重，所以就放弃了对宋国的援助。因此，大臣伯宗用"鞭长莫及"这个成语来比喻自己的力量达不到。

而用物理学原理来解释，"鞭长莫及"有以下几方面的原因：

从受力的方向来分析，骑手挥舞鞭子时用力击的目标一般都是在前方，而马肚子却位于骑手的下方，虽然马鞭挥舞起来甩出去的力量很大，但却很难作用到这一方向上,所以对马肚子依然无能为力。

从力的大小来分析,马鞭甩出去之后,鞭子末端的运动有一个加速的过程,鞭子的长度适中,鞭子末端在空中加速的时间最长,当速度加到最快时,击打出的力量最大。如果用一根很短的鞭子,击打离自己很近的地方,即使受力方向正确,但鞭子末端在空中

加速的时间很短,无法达到很高的速度,因此,击打出的力量也会非常有限。

成语解释

鞭长莫及:马鞭虽长,但打不到马肚子上。原意是说即使有力量,也使不得,因为马肚子不是鞭打的地方。后比喻力量达不到。鞭:马鞭子;莫:不;及:够得上。

成语示例

小王常年出差在外,对于孩子的功课就鞭长莫及了。

近朱者赤，近墨者黑

出自　晋·傅玄《太子少傅箴》：故近朱者赤，近墨者黑；声和则响清，形正则影直。

真的可以"近朱者赤，近墨者黑"吗？

成语"近朱者赤，近墨者黑"原意是靠着朱砂的物体容易变红，靠着墨的物体容易变黑。

那么，生活中真的可以出现"近朱者赤，近墨者黑"吗？

也许我们有着这样的生活经验：把一堆煤堆放在洁白的地板上，如果只放一天，然后搬走，用水冲洗地板，很容易就能将地板洗干净。但如果将这堆煤放一年，然后搬走，用水冲洗地板，却发现怎样努力也已经无法将地板洗得很干净了。

用物理学的知识可以解释这种现象。物质都是由分子组成的，分子总是在做着无规则的运动，这样就会造成分子的扩散，把两种不同物质的分子长久地放在一起，二者就会互相渗透，因而形成"近朱者赤，近墨者黑"的现象。只是，气体之间的相互渗透速度很快，而固体之间的相互渗透速度很慢，需要足够长的时间才能看到效果。

成语解释

近朱者赤，近墨者黑：靠着朱砂的变红，靠着墨的变黑。比喻接近好人可以使人变好，接近坏人可以使人变坏。

成语示例

近朱者赤，近墨者黑，李明的几个同学都爱读书，时间一长，他也爱读书了。

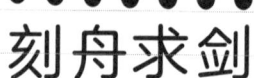

出自 战国·吕不韦《吕氏春秋》：楚人有涉江者，其剑自舟中坠于水，遽契其舟。曰："是吾剑之所从坠。"舟止，从其所契者入水求之。舟已行矣，而剑不行，求剑若此，不亦惑乎？

为什么刻舟后求不到剑？

从物理学的角度看，除了内部的分子运动以外，物体的其他运动都是相对的，是相对某一个参照物而确定的。

比如，我们和同学一起骑着自行车，保持相同的速度，尽管骑了很远，但仍然可以一面骑车一面和同学聊天，因为运动相对于地球是移动的，但相对于旁边的同学，我们却是静止的。坐在飞机上，看着飞机内熟悉的景象，几小时内都没有任何变化，没有任何运动，但其实我们已经离出发地很远了。

再比如，我们坐在飞驰的列车上或者航行的轮船上时，相对于列车和轮船我们并没有做任何运动，但相对于地球却在运动。于是，坐在列车上不动，也能从北京到达广州，坐在轮船上不动，也能从上海到达武汉。

而故事中那个求剑的人坐在船上，虽然相对于船他没做任何运动，但相对于河流来说，他做了运动，

有运动就会有位移。所以，虽然那个求剑的人在船边做了记号，但停船时的位置距离剑落水的位置已经发生了很大的变化，那么当然就无法把剑找到了。

刻舟求剑：在船上刻记号，寻找失落水中的剑。比喻办事刻板，拘泥而不知变通。

不顾时代的变迁，一味地厚古薄今，是刻舟求剑的行为。

炉火纯青 > 25

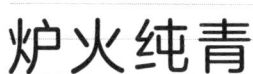

出自 唐·孙思邈《四言诗》：洪炉烈火，洪焰翕赫；烟示及黔，焰不假碧。

"火焰"的颜色变化

物理学知识告诉我们：道士根据炉火的颜色确定炼出丹药的效果是有一定道理的。

一是因为火焰的温度决定了火焰的颜色，低温的时候火焰呈现的是红色，随着温度的上升，火焰的颜色从红色、橙色到黄色、白色，到青色、蓝色，到紫色。直到紫色看不到时，颜色也还在不断地改变着。而炉火温度在500℃以下时，火焰呈暗黑色；升到700℃时，火焰又变成了紫红色，也就是俗称的"炉火通红"；再上升到800℃~900℃后，火焰由红变黄；1200℃时，火焰发亮，逐渐变白；继续升到接近3000℃时，呈白热化，相当于灯泡钨丝发亮的温度；如果超过3000℃，火焰由白转蓝，就是"炉火纯青"了，这也是燃烧温度的最高阶段。

故事中根据火焰颜色来判断仙丹的炼制过程，是需要一定知识积累的。在现实生活中，拥有高超的手艺，不仅要具备一定的知识，还需要长时间的磨炼。所以，我们要想在技艺上达到"炉火纯青"的境界，就必须苦下功夫才行。

成语解释

炉火纯青：相传，道家炼丹，炉里火焰转成纯青色时就算成功了。后用来比喻功夫达到了纯熟完美的境界。纯：纯粹。

成语示例

他征战赛场多年，收获很多奖项，球技早就炉火纯青了。

出自 《孟子》：天下之不助苗长者寡矣！以为无益而舍之者，不耘苗者也；助之长者，揠苗者也。非徒无益，而又害之。

植物的生命周期

种庄稼的宋国人最大的快乐，就是看着庄稼一天天长高。但是，当他用"拔苗助长"的方式"帮助"庄稼长高时，庄稼却没有让他高兴起来，因为，他很快就发现，庄稼全部枯死了。

为什么"拔苗助长"会导致庄稼枯死呢？用生物学的知识来解释，"拔苗助长"违背了以下两条生物学知识：

一是大部分植物的生长过程一般都是要经过"种子—发芽—生根—出苗—长大—开花—结果"等几

个步骤；植物的每一个生长步骤，都需要经过一定的时间，让植物细胞在生长过程中不断复制、分裂，最终形成一系列完整的器官，发挥着各自的作用，从而完成生命的全过程。在这个过程中，如果人为地"拔苗助长"，虽然植物在外形上"长高"了，但部分器官并没有全部形成，或者形成不完整，甚至因为人为的外力，破坏了部分已形成的植物器官，从而让正在生长的生命夭折。

二是植物的生长离不开水、土壤、空气等外部环境。根毛和幼根插入土壤中，和土壤充分接触后，可以吸收到水和养分，同时，根毛还可以分泌多种物质，如有机酸等，使土壤中难于溶解的盐类溶解，成为容易被植物吸收的养分。我们即使很小心地完成了"拔苗助长"的过程,将植物无损地拔了出来,由于根毛和幼根接触不到土壤,或者接触面积变小,植物也将无法从土壤中吸收到水和养分,或者吸收能力变差,植物也不能成活,很快就会出现萎蔫、死亡现象。

拔苗助长:把苗拔起,帮助其生长。比喻不顾事物的发展规律,强求速成,反而把事情弄糟。

你给孩子报这么多课外班,不是拔苗助长吗?

成语闯关小游戏
找成语

★ **游戏方法** ★

小明参加学校成语竞赛，有一道题是这样的：从下面的方框里找出八个成语。你能帮帮他吗？请填在下面的横线上。

海	近	鞭	头	者	接
朱	赤	刻	墨	四	莫
光	海	归	求	心	石
交	近	芒	枯	长	耳
黑	市	者	似	烂	及
射	舟	蜃	剑	箭	楼

成语一：_____ 成语五：_____

成语二：_____ 成语六：_____

成语三：_____ 成语七：_____

成语四：_____ 成语八：_____

参考答案：近朱者赤，近墨者黑；海市蜃楼；鞭长莫及；交头接耳；光阴似箭；归心似箭；刻舟求剑

百足之虫，死而不僵

出自 三国·曹冏《六代论》：百足之虫，至死不僵，以扶之者众也。

科学道理

生物的神经反射现象

成语"百足之虫"中的百足虫，并不是指一种具体的虫的名称，而是对马陆、蜈蚣等一类节肢动物的泛称。

根据生物进化论的观点，可以将动物分成很多等级，等级低的动物，身体结构相对简单，组织和器官分化程度低。比如，马陆、蜈蚣这一类节肢动物，神经中枢除分布在大脑外，还分布在各个器官上。随着生物进化，动物的高等神经中枢才集中在了大脑内。所以高等级动物一旦脑死亡了，所有的动作指示就都停止了，就什么动作都不可能做了。但马陆、蜈蚣这一类节肢动物，即使脑死亡了，部分躯体的中枢神经还没有立即死亡，所以还可以保持一定时间的活动能力。

有人说：蛇头被砍下来了还可以咬人，真的吗？

其实，蛇头刚被砍下来以后，确实可以咬伤人，它的科学原理也和"百足之虫，死而不僵"的原理一样：蛇的神经中枢除了分布在大脑中，还分布在全身，

所以，当它的头与身体分离后，神经并未迅速死亡，受残存的神经支配，吻部会产生无意识的张开与闭合动作，如果人的手刚好放在蛇的吻部，就会被咬到。

成语解释

百足之虫，死而不僵：原指马陆这种虫子死后仍不倒下。比喻势力大的人或集团虽已失败，但其余威和影响仍然存在（多含贬义）。百足：虫名，又名马陆或马蚿，有十二节，切断后仍能蠕动；僵：仆倒。

成语示例

百足之虫，死而不僵，合作打击跨国犯罪要持之以恒，防止其死灰复燃。

鹬蚌相争，渔翁得利

出自 西汉·刘向《战国策》：今者臣来，过易水，蚌方出曝，而鹬啄其肉，蚌合而箝其喙。鹬曰："今日不雨，明日不雨，即有死蚌。"蚌亦谓鹬曰："今日不出，明日不出，即有死鹬。"两者不肯相舍，渔翁得而并禽之。

科学道理

生物之间的"食物链"

地球上的动物、植物、微生物之所以能够在同一片天空下生存到现在，主要是因为有一条"食物链"维持着生态平衡，如果打破这种平衡，轻者会有某些无法预料的"故事"发生，重者可能导致某些物种的灭绝。

通俗地讲，"食物链"就是各种生物通过一系列吃与被吃的关系，将各种生物以食物关系彼此联系起来的序列。我们把食草动物称为第一级消费者，如昆虫、老鼠；食草动物又可以被食肉动物捕食，这些食肉动物被称为第二级消费者，如瓢虫以蚜虫为食，黄鼠狼吃鼠类；小型食肉动物又被大型食肉动物捕食，这些大型食肉动物被称为第三级消费者，如狐狸、狼。还有以第三级消费者为食物的，如狮、虎、豹、鹰、鹫等猛兽猛禽，它们是第四级消费者。

以上"食物链"，只能是高一级的吃低一级的，如果破坏这一规则，则可能会出现意想不到的后果。比如，蚌和鹬，虽然是在水中获取食物的两种不同的生物，但它们之间并没有构成直接的"食和被食"的关系。蚌生活在水底，主要食物是从入水孔带进来的微小生物和其他有机物等。鹬则是一种嘴和脚都很长的鸟类，常在水边或田野中捕吃小鱼、小虫和小型贝类。它们之间本来应该以一种"井水不犯河水"、互不干涉的状态生存的，但如果有一天，鹬非要将觅食的长嘴伸进蚌的躯壳之中，蚌当然不会答应，它将自己的壳一收缩，就将鹬的嘴巴夹得紧紧的，因为它们不是"食物链"中的上下级，所以谁也不能吃掉谁，只能僵持在那里。

这时候，如果有渔翁走过来，当然可以不费吹灰之力，将僵持不下的蚌和鹬轻松地装进笼子里，拿回家做一顿美餐。

成语解释

鹬蚌相争，渔翁得利：比喻双方相争，两败俱伤，徒使第三者得利。鹬：长嘴的鸟；蚌：有贝壳的软体动物。

成语示例

邻国之间要睦邻友好，不要"鹬蚌相争，渔翁得利"，便宜了第三国。

蜂拥而至

出自 明·冯梦龙《东周列国志》：于是坛下鼓声大振，莱夷三百人，杂执旍（jīng）旄（máo）、羽袯（fú）、矛戟、剑楯，蜂拥而至，口中呼哨之声，相和不绝，历阶之半，定公色变。

科学道理

蜜蜂为什么会"蜂拥而至"？

如果我们走到一片鲜花盛开的地方，看到有蜜蜂在飞来飞去地采蜜，那么我们看到的，一定不会只是一只蜜蜂，而是成千上万只蜜蜂，一个蜂群。

为什么蜜蜂都是成千上万地生活在一起呢？

在一个正常的蜂群里，都有三种不同的蜜蜂：蜂王、工蜂和雄蜂。

工蜂身体最小，承担着蜂群中的一切劳务。刚出生的工蜂就能担当清理巢房、接收和加工花蜜及花粉、喂养幼虫、喂饲蜂王和雄蜂、守卫蜂巢、调节巢温等巢内的工作，这时的工蜂叫内勤蜂。一般出生后14~20天的工蜂，开始外出担当采集工作，这时的工蜂叫外勤蜂，它们采集花蜜、花粉、水、蜂胶等。工蜂的寿命，在夏季一般只有一个多月，只有秋季出生的蜜蜂，在冬季寒冷地区的越冬期间，才能活五六个月。工蜂是雌性蜂，可是生殖器官发育不完全。但在蜂群出现不正常的情况时，工蜂也能产卵。

蜂王是发育完全的雌性蜂，唯一的工作是产卵，是群体中成千上万个成员的母亲，所以也叫母蜂。蜂王的身体比工蜂约长1/4~1/3，体重约为工蜂的2倍，

寿命也较长，可以活 4～6 年。虽然叫蜂王，它却不会发号施令，但是，如果没有了蜂王，在几小时后蜂群就会表现出不安，工作秩序混乱。

雄蜂则是新蜂王的配偶，在蜂群繁殖上不能没有它们。在繁殖季节，每个蜂群有几百只到上千只雄蜂。雄蜂的寿命为三四个月。

因此，蜜蜂们必须组成蜂群，并在这个集体中各司其职，互相依存，才能正常地生存、发展下去。

成语解释

蜂拥而至：像一窝蜂似的一拥而来。形容很多人乱哄哄地朝一个地方聚拢。

成语示例

演唱会即将开始，人群蜂拥而至，想要一睹明星的风采。

狡兔三窟

出自　西汉·刘向《战国策》：狡兔有三窟，仅得免其死耳。

科学道理

动物躲避天敌的各种方式

兔子之所以为自己准备三个洞穴，是因为兔子本是弱势群体，面对种种可能的危险，留好退路就是生存之道。比如遇到狼的追捕时，兔子会迅速钻进一个洞穴，再从另一个洞穴悄悄地钻出去，以防狼在原洞穴处"守株待兔"，因此，"狡兔三窟"就是兔子躲避天敌的一种方式。

在弱肉强食的动物世界里，很多弱小的动物都有一套对付天敌的方法。

如变色龙，可通过"变色"的方法隐藏自己，躲避天敌。它躲藏在什么环境，就可以将自己的身体颜色"改变"成什么颜色，这样就可以躲避天敌。

如壁虎，可通过"断尾"的方法躲避天敌：当它被天敌咬住尾巴时，可迅速断裂自己的尾巴，快速逃跑。

如狐狸，可通过"装死"的方法躲避天敌：当它被天敌抓住时，就诈死，当被拖到一处有利的地势时，就会迅速站起来逃跑。

兔子也会装死。当老鹰从天空向它俯冲时，兔子会四脚朝天一动不动，兔子知道自己跑得再快也跑不

过老鹰。因为许多肉食动物都有个怪癖：只吃活的不要死的，所以装死也是一种逃生的办法。

除此之外，动物还有很多躲避天敌的方法，这些方法都是它们在漫长的生物进化过程中不断适应和选择的结果。

成语解释

狡兔三窟：狡猾的兔子有三个洞穴。原比喻藏身的地方特别多，用来躲避灾难祸患。现多比喻掩盖的方法多，隐身的计划周密。窟：洞穴。

成语示例

这个外国间谍虽然制订了狡兔三窟的逃跑计划，可还是被我国警方抓获了。

千里之堤，毁于蚁穴

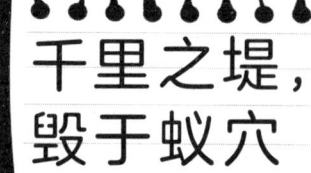

出自《韩非子》：千丈之堤，以蝼蚁之穴溃；百尺之室，以突隙之烟焚。

科学道理

为什么小小的蚂蚁洞可以摧毁千里之堤？

为什么小小的蚂蚁洞可以摧毁千里之堤？这要从蚂蚁的洞穴构造说起。

蚂蚁是群居动物，一个蚁群由成千上万只蚂蚁组成。它们生活在一起，也居住在一起。

在蚂蚁居住的洞穴里，每个群体只有一个主巢，但副巢则不止一个，可能有几个或十多个。主巢相当于蚂蚁王国的首都，副巢相当于一些大城市。它们之间都由粗大的蚁路相通连，好像我们的铁路或高速公路一样，供蚂蚁们密切往来。

蚂蚁的每个蚁巢都有空气孔来调节巢内的温度，使蚁巢内空气产生对流。冬天天气冷，蚂蚁将空气孔缩小，使空气对流减少、二氧化碳浓度增加而保持巢内温度。夏天天气热，蚂蚁把空气孔扩大，增加空气的流动使巢内的温度降低。所以空气孔的作用就像我们的门窗，它的大小有些像针眼，有些像绿豆，都是几个一堆地排列起来。

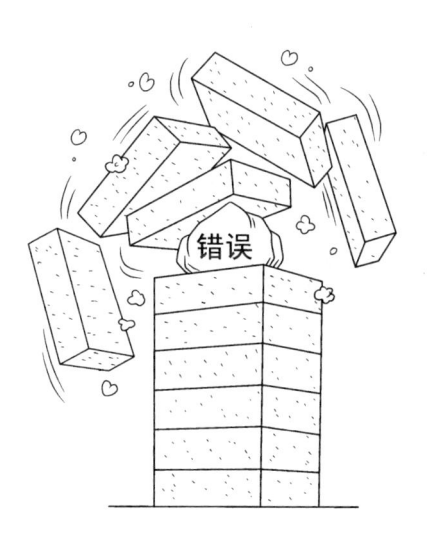

当千里之堤出现一个蚂蚁洞时,水流就会侵蚀到蚂蚁洞里,而蚂蚁们为了让自己不被水淹死,就会往无水的方向继续扩展洞穴。一段时间之后,蚂蚁们就会构筑一条贯穿两面的通道,从而让千里之堤很快溃塌。

成语解释

千里之堤,毁于蚁穴:千里长的堤坝,也会因为蚂蚁洞穴而崩溃。比喻小事不注意会造成大乱子。毁:摧毁;蚁穴:蚂蚁的洞穴。

成语示例

今天犯一个小错,明天也犯一个小错,时间长了,"千里之堤,毁于蚁穴",必然铸成大错。

蜻蜓点水

出自 唐·杜甫《曲江》：穿花蛱蝶深深见，点水蜻蜓款款飞。

科学道理

蜻蜓的繁殖方式

当我们迎着微风，看见蜻蜓在水面上像一架小直升机，时而在水面上空盘旋，时而俯冲下来用尾尖在水面上轻轻点水，水面上因此而泛起一圈圈波纹的情景时，一定会为蜻蜓优美的舞姿而拍手称赞。而事实上，"蜻蜓点水"并不是在表演它的优美舞姿，而是在完成一项光荣而伟大的任务：繁殖后代。

"蜻蜓点水"是雌蜻蜓生活中的组成部分——产卵、繁殖后代。雌蜻蜓的产卵极为独特，飞行时轻轻一碰水，卵便直接产到了水里，不过有时候也产在水

草上。这看起来像是很随意、很不负责的产卵,事实上,蜻蜓之所以会将卵产在水里,是因为水的环境就像人类的子宫一样,特别适合卵的孵化以及幼虫的生长。

　　蜻蜓卵孵化后,便变成了稚虫,叫作水虿。水虿也适合在水里生长,因为它这时主要捕食水中的小动物,而且它还拥有带爪钩的下唇,可随时伸出来捕捉水中的小动物。另外,水虿还是游泳专家,它采用喷射式的游泳方式,只要腹部一压缩,水便向后喷,身体自然往前冲,速度非常快。水虿长大了,便会爬上突出水面的树枝或石头,变成一只犹如空中飞龙的蜻蜓了。

成语解释

蜻蜓点水:指蜻蜓飞行时用尾部轻触水面的动作。比喻做事肤浅、不深入。

成语示例

学习知识要扎实深入,蜻蜓点水式的学习是不行的。

飞蛾扑火

出自 唐·姚思廉《梁书》：如飞蛾之赴火，岂焚身之可吝。

科学道理

飞蛾为什么会扑火？

成语"飞蛾扑火"常被用来比喻自取灭亡，有时候也被用来形容"为了信念奋不顾身"的勇敢精神。其实，飞蛾扑火时并没有意识到自己是在"慷慨赴死"，而是在完成生命中一个很普通的活动，因为"误判"而导致灾难性的后果。

原来，飞蛾在夜间飞行时，是依靠月光来判定方向的。飞蛾总是让月光从一个固定的方向投射到它的眼里。飞蛾在逃避蝙蝠等的追逐，或者绕过障碍物转弯以后，不论怎样转弯，只要对着月光，沿着固定的

方向往前飞去，它就不会迷失方向，这也是某些动物常用的"天文导航"的方法。

飞蛾看到灯光，错误地认为是"月光"。因此，它也用这个"月光"来辨别方向。月亮距离地球遥远得很，飞蛾只要保持同月亮的固定角度，就可以使自己朝一定的方向飞行。可是，灯光距离飞蛾很近，飞蛾按本能仍然使自己同光源保持着固定的角度，于是只能绕着灯光打转转，并以一个螺旋线的形状逐渐接近火源，最后被火烧死。

因此，飞蛾主观上并不是想死在火焰里面，只是由于它需要依靠"天文导航"的天性，误认灯光为月光而导致了这一结果。

成语解释

飞蛾扑火：飞蛾扑到火上。比喻自取灭亡。蛾：类似蝴蝶的昆虫。

成语示例

他迷上了游戏，有如飞蛾扑火，不管不顾。

昙花一现

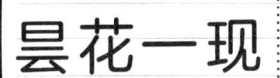

出自 《妙法莲华经》：佛告舍利弗，如是妙法，诸佛如来，时乃说之，如优昙钵花，时一现耳。

科学道理

昙花——月下美人

昙花享有"月下美人"之誉，因为它常常在晚上开花，而且，当花渐渐展开后，过一两小时又慢慢地枯萎了，整个过程仅4小时左右，故有"昙花一现"之说。

昙花原产于美洲墨西哥至巴西的热带沙漠中。那里白天又干又热，但到晚上就凉快多了。晚上开花，可以避开强烈的阳光暴晒；缩短开花时间，又可以大大减少水分的损失，有利于它的生存，使生命得以延续。天长日久，昙花在夜间短时间开花的特性就逐渐形成，并代代相传。

昙花喜温暖湿润的半阴环境，不耐霜冻，忌强光暴晒。

为了改变昙花夜晚开花的习性，可采用"昼夜颠倒"的办法，使昙花白天开放。当昙花花蕾膨大时，白天把昙花移到暗室或用黑色塑料薄膜做的遮光罩罩住，不要有一点儿透光，而从晚上8时到次晨6时，

则用灯光照射，这样处理7～8天，昙花就可按照人们的意愿，在白天开放。

成语解释

昙花一现：美丽的昙花短暂开放一下。比喻美好的事物或景象出现了一下，很快就消失。也比喻稀有的事物或显赫的人物只出现一会儿就消失了。

成语示例

这位明星成名之后就放松了对自己的要求，不思进取，结果是昙花一现。

移花接木

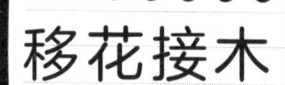

出自 明·凌濛初《二刻拍案惊奇》：同窗友认假作真，女秀才移花接木。

科学道理

为什么移花接木可以成活？

如果我们看到有人将一段树枝用刀砍下来，插进另一段树枝上，千万不要以为这个人是在恶作剧，也不要以为这个人是在搞破坏。也许，他正在进行一种叫作"移花接木"的活动，这种活动在生物学上叫嫁接。

嫁接是植物的人工营养繁殖方法之一。即把一种植物的枝或芽，嫁接到另一种植物的茎或根上，使它们接触在一起的两个部分长成一个完整的植株。嫁接的方式分为枝接和芽接，枝接一般在春秋两季进行，并且春季成活率较高。芽接一般在夏季进行。嫁接时接上去的枝或芽，叫作接穗，被接的植物体，叫作砧木或台木。嫁接时应当使接穗与砧木的形成层紧密结合，以确保接穗成活。接穗时一般选用有 2 ~ 4 个芽的苗，嫁接后成为植物体的上部或顶部，砧木嫁接后成为植物体的根系部分。

嫁接对一些不产生种子的果木的繁殖意义非常重大，如柿、柑橘的一些品种。嫁接既能保持接穗品种的优良性状，又能利用砧木的特性，达到早结果，增强抗寒性、抗旱性、抗病虫害的能力，还能利用繁殖材料，增加苗木数量。嫁接常用于果树、林木、花卉的繁殖，也用于瓜类蔬菜育苗。

在生产实践中，通过嫁接直接提高经济价值的实例很多：如普通的水杉，价值很低，通过嫁接手段培育成金叶水杉后，经济价值提高20多倍；再如普通的大叶女贞树，通过嫁接手段培育成彩叶桢树后，经济价值提高近百倍。由此可见，嫁接对品种的改良、经济价值的提高都有着非常重要的意义。

成语解释

移花接木：把一种花木的枝条或嫩芽嫁接在另一种花木上。比喻暗中用手段更换人或事物来欺骗别人。

成语示例

用移花接木的手法，把这个人干的事安到那个人头上，是造谣的人常干的事。

种瓜得瓜，种豆得豆

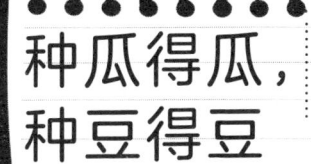

出自 《涅槃经》：种瓜得瓜，种李得李。

科学道理

生物的遗传现象

"种瓜得瓜，种豆得豆"，是我们生活中常见的自然现象。某些瓜的种子和豆的种子从外表上看起来完全一样，但它们有本质的不同。将它们在同一时间播撒到同一片土地上，秋天一到，我们依然只能从这片土地上收获不同的瓜和豆。也就是说，种瓜只能得到瓜，种豆只能得到豆。

"种瓜得瓜，种豆得豆"，反映的是生物界中普遍存在的一种生命现象——遗传。

众所周知，羊生羊，牛生牛，鸡生鸡，鸭生鸭，我们人类也只能生出人类。从古至今，没有谁看到过一只母猫生出一群小狗、一头老虎产下一头狮子。像这种"同类产生同类"的现象便是遗传。在自然界中，万物都按照一定的规律来繁衍后代。各类生物只可以产生同种的后代，并继承前代的基本特征。

那么，生命是如何进行遗传的呢？

遗传是由遗传基因决定的，遗传基因也称为遗传因子，是具有遗传效应的DNA片段。也就是说，物质的遗传是通过DNA来实现的。

DNA有两个基本功能，一是通过复制，在生物的繁殖过程中传递遗传信息；二是在后代的个体发育中使遗传信息得以表达，从而使后代表现出与亲代相似的形状。就像瓜里有瓜的DNA，它们经过复制

遗传到了下一代瓜里，并经过成长长出了和亲代瓜一样的形状；而豆里有豆的DNA，它们把豆子的遗传信息传给了下一代，下一代就按照这个信息生长发育，从而长出了豆子的形状。因此，代代相传，保持了物种的特征。

成语解释

种瓜得瓜，种豆得豆：种下瓜种，得到的是瓜；种下豆种，得到的是豆。原为佛教语，比喻因果报应关系。后比喻做了什么样的事，得到什么样的结果。

成语示例

种瓜得瓜，种豆得豆，这对夫妻溺爱自己的孩子，纵容他胡作非为，等到孩子犯了罪，已经后悔莫及。

成语闯关小游戏
寻找动植物

★ 游戏方法 ★

下面的房子里住着各种各样的动物和植物,请你根据成语找出相应的动植物,并把相关的文字填在括号里。

千里之堤,毁于( )穴

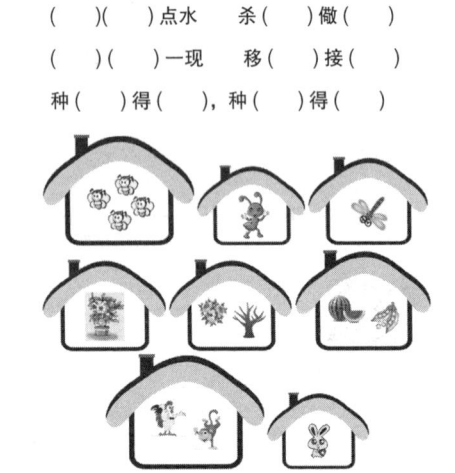

( )拥而至　狡( )三窟

( )( )点水　杀( )儆( )

( )( )一现　移( )接( )

种( )得( ),种( )得( )

★ 参考答案 ★

千里之堤,毁于蚁穴;蜂拥而至;狡兔三窟;蜻蜓点水;杀鸡儆猴;昙花一现;移花接木;种瓜得瓜,种豆得豆

画蛇添足

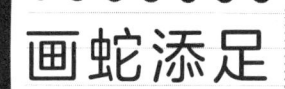

出自 《战国策》：蛇固无足，子安能为之足？

科学道理

蛇是用什么走路的？

上面这个故事中的人没有见过蛇，但知道人是用脚走路的，鸡、狗、猪等常见的家禽、家畜也是用脚走路的，于是就想当然地认为蛇也是用脚走路的，因此，画蛇时给蛇也画上几只脚。

但实际上，蛇是没有脚的，它和常见的家禽、家畜不一样，不是用脚走路的。那么，蛇是用什么走路的呢？仔细观察，我们可以发现，蛇的身上有很多鳞片，就是它们身上最外面的一层盔甲。鳞片不但可以用来保护身体，还可以当作它们的"脚"来走路。

蛇向前爬行时，身体会呈 S 形。而每一片在 S 形外边的鳞片，都会翘起来，帮助蛇前进时抓住不平的路面。这些鳞片跟蛇的肌肉互相配合，就能推动身体向前爬行，所以蛇不用脚也可以走路。

除了蛇以外，也有其他不用脚走路的动物，如蜗牛、蚯蚓等。

成语解释

画蛇添足：画蛇时给蛇添上脚。比喻做事多余，不但无益，反而有害。

成语示例

做事要掌握分寸，不要做画蛇添足的事。

惊弓之鸟

出自 《战国策》：黩武之众易动，惊弓之鸟难安。

科学道理

条件反射的生物学现象

受过箭伤的鸟在听到弦响后就会表现出害怕，即使自己受伤了，也会不顾伤痛，拼命往高处飞。之所以会出现这种现象，用生物学的知识来解释，就叫作条件反射。

条件反射是指在一定条件下，外界刺激与动物体反应之间建立起来的暂时神经联系。与条件反射相对的是非条件反射。条件反射与非条件反射之间的主要区别就是：非条件反射是由先天生成的，生来就有的，而条件反射则是后天形成的，需要在反复学习、训练、刺激中才能逐渐形成。我们看见红灯就停下来、看见梅子就分泌唾液,鹦鹉学舌,等等,这些都是条件反射。

惊弓之鸟,说明它之前一定被弓箭射伤过,而且这种伤痛让它受尽了折磨,即使痊愈了,心里的伤害也无法淡忘。所以,听见弦响,它就会条件反射地记起上次的伤害,并本能地想逃脱这种伤害。

青少年在成长的过程中,如果遇到某些伤害,也可能会给他们幼小的心灵留下难以磨灭的恐怖回忆。这也是条件反射的生物学表现。

成语解释

惊弓之鸟：被弓箭吓怕了的鸟。比喻经过惊吓的人碰到一点儿动静就非常害怕。

成语示例

这家公司的产品接连爆出质量问题，公司上上下下都成了惊弓之鸟，担心接到更多的质量投诉。

鼠目寸光

出自 清·蒋士铨《桂林霜》：俺主公豁达大度，兼容并包，尔反鼠目寸光、执迷不悟。

科学道理

老鼠是依据什么活动的？

对老鼠这种小动物很多人都有一定的了解，十二生肖中，老鼠常常被评价为胆小、灵活、聪明。

但也许很多人并不知道，既胆小又聪明的老鼠，视力却非常差，几乎相当于人类高度近视的水平。帮助老鼠灵活地躲避猫的捕捉、人的捕杀的器官，竟然是它的嗅觉器官。

老鼠的嗅觉器官非常灵敏，它凭嗅觉就知道哪里有什么。老鼠一般喜欢夜间出来活动，白天藏匿。老鼠智商很高，既机灵又灵活，而且狡猾。它们平时就生活在洞里，两只前爪在洞边一趴，左听右听，确保安全方才出洞。它们喜欢把洞建在有食物有水源的地方，建立固定路线，以避免危险。经常出入的场所稍有动静或者变化，就会引起它们的警觉，并经过反复试探后才敢向前。老鼠具有很强的记忆性和拒食性，如果受过袭击，它会长时间回避此地。

此外，老鼠的触须也是它的"导盲棒"，它喜欢沿着墙沿奔跑，并用触须触碰周围以确认是否有危险、是否有食物。

老鼠的智力超乎我们的想象,智力成熟度几乎可以与人类匹敌。

成语解释

鼠目寸光:老鼠的眼睛只能看到一寸远的地方。比喻目光狭小,见识短浅。

成语示例

只贪图眼前的安逸生活,不肯勤奋学习工作,是鼠目寸光的做法。

望梅止渴

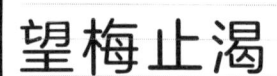

出自 《世说新语》：魏武行役，失汲道，军皆渴，乃令曰："前有大梅林，饶子，甘酸。可以解渴。"士卒闻之，口皆出水，乘此得及前源。

科学道理

望梅为什么会止渴？

大家都知道，人有渴的感觉实际上是缺水了，大脑神经中枢于是向相关的器官发出了信号。这时候，我们喝进一定量的水就会解除渴的信号。但是，当我们行进在路途中，无法找到水来补充时，用"望梅止渴"的方式也可缓解一下渴的感觉。因为，我们想到酸酸的梅子的时候，会条件反射地分泌出唾液，于是缓解了渴的感觉。

人的体内存在着很多体液，体液总量为体重的 60%～70%。

在所有这些体液中，最重要的就是血液了，它的作用包括输送氧气和营养物质到身体的每个部分，把废物通过某些器官排出体外，它承载着人体的免疫系统。此外，它还有调节人体体表温度的作用。

唾液也是一种体液，由口腔周围的三对唾液腺分泌产生，俗称口水。研究表明，唾液具有以下作用：

一、止血作用：口水能促进血液凝固，帮助止血。

二、润滑作用：口水中含有黏液素，可使口腔润滑柔软。

三、冲洗作用：能把食物残渣冲洗掉，以保持口腔的清洁卫生。四、抗癌作用：有些癌细胞可以被口水直接杀死。五、抗菌作用：口水中的各种有机和无机成分通过不同机理，产生一定的抗菌作用，防止口腔、咽喉和牙龈发炎。六、治伤作用：口水中有一种神经生长素，这种生长素能缩短伤口愈合时间，加速烧伤皮肤的愈合。七、消化作用：口水中含有大量淀粉酶，能把淀粉水解为麦芽糖，使食物容易被吸收。八、抗衰作用：口水中含有一种能使人保持年轻的"唾液腮腺激素"，到老年也会红光满面，不减青春活力。

成语解释

望梅止渴：原意是指梅子酸，人想吃梅子就会流涎，因而止渴。后比喻愿望无法实现，用空想安慰自己。

成语示例

用不切实际的许愿来提升员工的士气，有如望梅止渴，效果是有限的。

金蝉脱壳

出自 元·关汉卿《谢天香》：便使尽些伎俩，千愁断我肚肠，觅不的个金蝉脱壳这一个谎。

科学道理

蝉为什么要脱壳？

蝉又称知了，一生要经历卵、幼虫、蛹、成虫四个不同阶段。在从幼虫变为蛹的过程中，要先后经过4次脱壳。

蝉的幼虫钻入地下后，靠吸收树根汁液生存，在黑暗的地下泥土里生长，由小变大，从地下钻出来，爬到树干、树枝或庄稼、草叶上，用于固定身体。由于蝉不具有骨骼系统，因此长有一层坚硬的皮，这层皮使体内物质不外流，又能防止外界有害物质，这层皮就是它的壳，它可以保护幼蝉，还可用来当作它们的"骨骼"。

但是，蝉会长大，而壳到了一定程度就不会再变大，所以要把壳脱掉，长出新的壳，蝉才能继续生长，就像小孩子长得快常常要换新衣服一样。这就是蝉要脱壳的原因。

蝉的幼虫开始脱壳的时间一般集中在晚上9~10点之间。当蝉要脱壳时，它会将壳固定在一处，身体就不动了，像死去一般。头部上方开始裂开一道口，身体慢慢向外面伸出去。从裂口到身体完全出去大约需要1小时，脱壳以后，翅膀只有麦粒大小，抖散开

只有一片桃叶大小，薄而透明，如同轻纱一般，且身体是柔软的，呈白色，这时候还不会飞。大约再过1小时，身体慢慢变黑，白嫩的软体有了坚硬的外壳，并具备了飞翔的能力。所以，这次脱壳是积以前多次"量变"而成的一次"质变"——成虫飞出去，而脱壳后的空壳则留在原处。

成语解释

金蝉脱壳：蝉变为成虫时要脱去一层壳。比喻制造或利用假象脱身，使对方不能及时发觉，或比喻事物发生根本性的变化。

成语示例

公牛怒吼着向斗牛士顶去，斗牛士使了个金蝉脱壳，把红布一抖，脚步移动，让公牛顶了个空。

回光返照

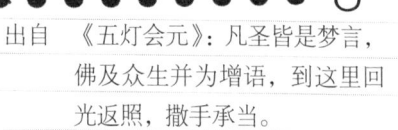

出自 《五灯会元》：凡圣皆是梦言，佛及众生并为增语，到这里回光返照，撒手承当。

科学道理

死前的"回光返照"

昏迷多时的病人突然清醒过来，甚至与亲人可以进行简短的交谈了。多日一直毫无食欲、不吃不喝的人突然想吃东西了。这些病情"减轻"的现象，可能会给人一个错觉，误认为病人转危为安了，但有经验的人一看便知，这是回光返照，是病人向亲人诀别的信号。

人在临死前为什么会回光返照呢？医学科学告诉我们，主要是肾上腺分泌的激素所致。肾上腺是一对非常重要的内分泌腺体，按结构分为皮质和髓质。皮质分泌糖皮质激素和盐皮质激素。其中糖皮质激素主要用于"应急",它能通过抗炎症、抗毒素、抗休克、抗过敏等作用,迅速缓解症状,帮助病人度过危险期。肾上腺髓质则分泌肾上腺素和去甲肾上腺素,它们都能够起到兴奋心脏、收缩血管、升高血压的作用。

濒临死亡的时候,在大脑皮质的控制下,迅速指示肾上腺皮质和髓质,分泌以上各种激素。这就调动了全身的一切积极因素,使病人由昏迷转为清醒;由不会说话转为能交谈数句,交代后事;由不会进食转为要吃要喝。这些都是在中枢神经指挥下的内分泌激素在起作用。

"回光返照"对病人及其家属而言有一定的好处。如病人急于想见的人还在路途中,"回光返照"

可延长一段生命以实现病人的夙愿；病人还有话没有交代完毕，"回光返照"也可延长一段时间让病人把话说完。

如能争取更多的时间，使"治本"的药物生效，"回光返照"还能从根本上挽救病人的生命，那么就会变"回光返照"为"起死回生"，这正是医生们孜孜以求的奋斗目标。

成语解释

回光返照：亦作"回光反照"，有多重意思。1.由于日落时的光线反射，因而天空又短时间地发亮。2.比喻人将死时神志忽然清醒或短暂的兴奋。3.比喻旧事物灭亡前表面上的短暂繁荣。

成语示例

老人卧床已久，饮食难进，今天忽然胃口大开，医生说恐怕是回光返照。

积劳成疾

出自 明·冯梦龙《东周列国志》：公孙归生，积劳成疾，卧不能起，城中食尽，饿死者居半，守者疲困，不能御敌。

科学道理

疲劳是健康的大敌

故事中的杜仲虽然身体健康，但连续一个多月的劳累，终于让他积劳成疾，昏倒在悬崖边。

研究表明，连续的过度劳累，会让身体产生疲劳，疲劳对健康的危害是非常大的。三国时期的诸葛亮为蜀国事无巨细昼夜操劳、鞠躬尽瘁，最终积劳成疾，年仅五十四岁就病死于军营里。现代社会中，人们的生活节奏加快，生存压力大，因为疲劳而猝死的事例时有发生。

疲劳可分为精神疲劳和体力疲劳，或者叫心理疲劳和生理疲劳。从时间上又可分为急性疲劳和慢性疲劳。生理疲劳和体力疲劳是指身体骨骼肌和各脏器超负荷工作导致的功能减低甚至衰竭；心理疲劳和精神疲劳是指精神过度紧张、巨大的压力或创伤导致的心理反应功能减低，甚至功能衰竭。这两者之间往往又相辅相成、互相影响、互为因果。从持续时间上分，急性疲劳是指短时间内或者几天之内超负荷工作所引起的生理或心理疲劳；慢性疲劳是指长时间的负担过重所引起的生理或心理疲劳。

现在,有些人沉湎于电子游戏、沉湎于麻将,既影响休息又可导致疲劳,积累到一定程度,就可能有积劳成疾的情况出现。因此,合理地安排自己的工作、学习、休息时间,是健康生活的根本保证。

成语解释

积劳成疾:指因长期过度劳累而得病。积:积累;劳:劳累;疾:疾病。

成语示例

这位妈妈为了子女常年操劳,积劳成疾,真让人同情。

乐极生悲

出自 西汉·刘安《淮南子》：夫物盛而衰，乐极则悲。

科学道理

不良情绪对身体的影响

喜怒哀乐是正常的情绪表现，但如果表现过度则可能会导致意想不到的结局。比如正常的喜乐，可以使人精神愉快，心情舒畅，但如果狂喜过度，则会使人心气弛缓，精神涣散，并伴随着心悸、失眠等症状。如果患有高血压病，过度兴奋还可导致"高血压危象"，具体表现就是：突然头晕目眩、恶心呕吐、视力模糊、烦躁不安，严重时还可引起脑血管破裂发生猝死。

医学研究表明，过度的情绪表现会引发身体的种种不适：

过度抑郁时，可造成血管收缩，血压升高，血流受阻，氧供应不充分。长此以往，血液中的血小板受到损伤，在血管中形成血栓，导致高血压、动脉粥样硬化等心血管疾病。

过度紧张时，可导致呼吸急促、心跳加快、血压升高、交感神经兴奋，易发生心脑血管疾病。

过度焦虑、愤怒时，胃酸分泌增加，胃黏膜充血，易发生消化性溃疡。

过度悲痛、恐惧时，胃酸减少，胃黏膜变白，常导致消化不良。

成语解释

乐极生悲：高兴到极点时，常发生使人悲伤的事。

成语示例

范进听说自己中了举人，竟然乐极生悲，激动到发了疯。

了如指掌

出自 《论语》：或问禘之说。子曰："不知也；知其说者之于天下也，其如示诸斯乎！"指其掌。

科学道理

观手知健康

成语了如指掌的意思是指人们对某事物了解得非常清楚、明白。但实际上，很多人对自己的指掌并不真的很了解。

医学上说，手是人体的健康投影区，通过观察手的情况，可以了解各种器官的状况，及时进行保养、预防或治疗。

手掌软硬与身体、性格的关系：手掌厚而有力并富有弹性，多为精力充沛、体质强壮、适应力强；手掌厚而无力、弹性差，则精力欠佳；手掌软、细薄而无力，多为精力衰退，体质多病；手掌肌肉硬而瘦，多为消化系统功能问题。

此外，"十指连心"，手指的状况，能反映不同器官的问题：小手指反映心肾问题；无名指反映肝胆

问题；中指反映心包经问题；食指反映大肠问题；拇指反映肺脾问题。

成语解释

了如指掌：形容对事物了解得非常清楚，就像指着自己的手掌给人家看一样。了：明白；指掌：指着手掌。

成语示例

老李是当地的片警，对周围的人和事了如指掌。

荡气回肠

出自 三国·曹丕《大墙上蒿行》：女娥长歌，声协宫商，感心动耳，荡气回肠。

科学道理

"气"有什么作用？

唱歌的时候要想唱得好听，除了需要一副天生的好嗓子之外，还需要会控制呼吸，会"运气"。呼吸的方法大致分为三种：腹式呼吸、胸腔呼吸和混合呼吸。腹式呼吸就是靠小腹的收缩来呼吸，吸气的时候小腹会鼓起来。一般唱声音高、尖、细的歌曲时用这种呼吸方法。胸腔呼吸则是靠胸腔的收缩来呼吸，吸气的时候胸腔打开。胸腔呼吸是最常用的呼吸技巧，优点是换气速度快，唱快歌或是非常高的音的时候可以保证你不会窒息。混合呼吸就是结合上述两种方法的呼吸。

气，除了在唱歌时有用外，也是我们生命中不能缺少的元素。

中医认为，气和血是构成人体和维持生命活动的两大物质。气的作用主要是温养机体和抵御外邪的入侵，同时参与脏腑功能的新陈代谢。人的气有先天之气和后天之气。先天之气就是元气，是父母给的，是生命从父母那里得到的最初始的能量。后天之气是五谷之气，我们吃饭以后转化的能量或者储藏起来，或者为我们所用，这些就是后天五谷之气。先天之气是

越用越少的,是不可再生资源,只能通过后天之气来不断补充。

气和血各有其不同作用而又相互依存,人就是依靠气血而存在的,我们身体的病痛大都是因为气血不通而引起的。如果身体受伤了,不论脏腑、经络,还是皮肉筋骨,都离不开气血。肢体如果受伤了,由于人体是一个有机的整体,经络外连于肢节,内属于脏腑,必然由外及内使气血伤于内,引起脏腑功能不和。

成语解释

荡气回肠:使肝肠回旋,使心气激荡。形容文章、乐曲婉转动人。荡:动摇;回:回转。

成语示例

这部战争题材的老电影气势恢宏,看完以后只觉得荡气回肠,热血澎湃。